www.ingramcontent.com/pod-product-compliance
Lightning Source LLC
LaVergne TN
LVHW080329110826
845155LV00026B/231
9781927740682

Elliott Michaelson

MAJS

Copyright Information

ROSH HASHANAH DAY 2 – HEBREW ONLY

Divisions of Torah Readings

There are different customs for dividing the Torah readings. These are the most common ones. Check with your congregation ahead of time to make sure you choose the correct readings.

Bereshit / Genesis 22: 1-24	*Bereshit / Genesis 1: 1-2: 3*
22: 1-3	1: 1-5
22: 4-8	1: 6-13
22: 9-14	1: 14-23
22: 15-19	1: 24-31
22: 20-24	2: 1-3
Maftir: *Bamidbar 29: 1-6*	*Maftir:* *Bamidbar 29: 1-6*

* Some editions list it as 31: 1-19.

TORAH OPTION #1: BERESHIT / GENESIS 22: 1-24 + MAFTIR

Before the Torah reading, recite one of the following blessings.
Your Rabbi or teacher will tell you which one is appropriate for your community.
The Torah reading divisions can be found with the table of contents.

You call out:

בָּרְכוּ אֶת יְיָ הַמְבֹרָךְ.

The congregation responds:

בָּרוּךְ יְיָ הַמְבֹרָךְ לְעוֹלָם וָעֶד.

You say it back to them:

בָּרוּךְ יְיָ הַמְבֹרָךְ לְעוֹלָם וָעֶד.

You continue:

בָּרוּךְ אַתָּה יְיָ אֱלֹהֵינוּ מֶלֶךְ
הָעוֹלָם, אֲשֶׁר קֵרְבָנוּ לַעֲבוֹדָתוֹ
וְנָתַן לָנוּ אֶת תּוֹרָתוֹ.
בָּרוּךְ אַתָּה יְיָ, נוֹתֵן הַתּוֹרָה.

Let us praise Adonai, the Blessed One!
Let Adonai, the Blessed One,
be praised forever!

We praise You, Adonai our God, Ruler of the universe, who brought us closer to God's Work and gave us God's Torah.

We praise You, Adonai, the Giver of Torah.

You call out:

בָּרְכוּ אֶת יְיָ הַמְבֹרָךְ.

The congregation responds:

בָּרוּךְ יְיָ הַמְבֹרָךְ לְעוֹלָם וָעֶד.

You say it back to them:

בָּרוּךְ יְיָ הַמְבֹרָךְ לְעוֹלָם וָעֶד.

You continue:

בָּרוּךְ אַתָּה יְיָ אֱלֹהֵינוּ מֶלֶךְ
הָעוֹלָם, אֲשֶׁר בָּחַר בָּנוּ מִכָּל
הָעַמִּים וְנָתַן לָנוּ אֶת תּוֹרָתוֹ.
בָּרוּךְ אַתָּה יְיָ, נוֹתֵן הַתּוֹרָה.

Let us praise Adonai, the Blessed One!
Let Adonai, the Blessed One,
be praised forever!

We praise You, Adonai our God, Ruler of the universe, who chose us from all the nations to be given God's Torah.

We praise You, Adonai, the Giver of Torah.

After the Torah reading, recite the following blessing.

בָּרוּךְ אַתָּה יְיָ אֱלֹהֵינוּ מֶלֶךְ הָעוֹלָם, אֲשֶׁר נָתַן לָנוּ תּוֹרַת אֱמֶת, וְחַיֵּי
עוֹלָם נָטַע בְּתוֹכֵנוּ. בָּרוּךְ אַתָּה יְיָ, נוֹתֵן הַתּוֹרָה.

We praise You, Adonai our God, Ruler of the universe,
Who planted eternal life among us by giving us a Teaching of truth.

We praise You, Adonai, the Giver of Torah.

Chapter 22

1. וַיְהִ֗י אַחַר֙ הַדְּבָרִ֣ים הָאֵ֔לֶּה
וְהָ֣אֱלֹהִ֔ים נִסָּ֖ה אֶת־אַבְרָהָ֑ם וַיֹּ֣אמֶר
אֵלָ֔יו אַבְרָהָ֖ם וַיֹּ֥אמֶר הִנֵּֽנִי׃

2. וַיֹּ֡אמֶר קַח־נָ֠א אֶת־בִּנְךָ֨ אֶת־יְחִֽידְךָ֤
אֲשֶׁר־אָהַ֙בְתָּ֙ אֶת־יִצְחָ֔ק וְלֶךְ־לְךָ֔
אֶל־אֶ֖רֶץ הַמֹּרִיָּ֑ה וְהַעֲלֵ֤הוּ שָׁם֙
לְעֹלָ֔ה עַ֚ל אַחַ֣ד הֶֽהָרִ֔ים אֲשֶׁ֖ר אֹמַ֥ר
אֵלֶֽיךָ׃

3. וַיַּשְׁכֵּ֨ם אַבְרָהָ֜ם בַּבֹּ֗קֶר וַֽיַּחֲבֹשׁ֙
אֶת־חֲמֹר֔וֹ וַיִּקַּ֞ח אֶת־שְׁנֵ֤י נְעָרָיו֙
אִתּ֔וֹ וְאֵ֖ת יִצְחָ֣ק בְּנ֑וֹ וַיְבַקַּע֙ עֲצֵ֣י
עֹלָ֔ה וַיָּ֣קָם וַיֵּ֔לֶךְ אֶל־הַמָּק֖וֹם
אֲשֶׁר־אָֽמַר־ל֥וֹ הָאֱלֹהִֽים׃

4. בַּיּ֣וֹם הַשְּׁלִישִׁ֗י וַיִּשָּׂ֨א אַבְרָהָ֧ם
אֶת־עֵינָ֛יו וַיַּ֥רְא אֶת־הַמָּק֖וֹם מֵרָחֹֽק׃

5. וַיֹּ֨אמֶר אַבְרָהָ֜ם אֶל־נְעָרָ֗יו
שְׁבוּ־לָכֶ֥ם פֹּה֙ עִֽם־הַחֲמ֔וֹר וַאֲנִ֣י
וְהַנַּ֔עַר נֵלְכָ֖ה עַד־כֹּ֑ה וְנִֽשְׁתַּחֲוֶ֖ה
וְנָשׁ֥וּבָה אֲלֵיכֶֽם׃

6. וַיִּקַּ֨ח אַבְרָהָ֜ם אֶת־עֲצֵ֣י הָעֹלָ֗ה
וַיָּ֙שֶׂם֙ עַל־יִצְחָ֣ק בְּנ֔וֹ וַיִּקַּ֣ח בְּיָד֔וֹ
אֶת־הָאֵ֖שׁ וְאֶת־הַֽמַּאֲכֶ֑לֶת וַיֵּלְכ֥וּ
שְׁנֵיהֶ֖ם יַחְדָּֽו׃

7. וַיֹּ֨אמֶר יִצְחָ֜ק אֶל־אַבְרָהָ֤ם אָבִיו֙
וַיֹּ֣אמֶר אָבִ֔י וַיֹּ֖אמֶר הִנֶּ֣נִּֽי בְנִ֑י וַיֹּ֗אמֶר
הִנֵּ֤ה הָאֵשׁ֙ וְהָ֣עֵצִ֔ים וְאַיֵּ֥ה הַשֶּׂ֖ה
לְעֹלָֽה׃

על כן קרא למקום ההוא באר שבע כי
שם נשבעו שניהם ויכרתו ברית בבאר
שבע ויקם אבימלך ופיכל שר צבאו
וישבו אל ארץ פלשתים ויטע אשל
בבאר שבע ויקרא שם בשם יהוה אל
עולם ויגר אברהם בארץ פלשתים
ימים רבים

ויהי אחר הדברים האלה והאלהים נסה
את אברהם ויאמר אליו אברהם ויאמר
הנני ויאמר קח נא את בנך את יחידך
אשר אהבת את יצחק ולך לך אל ארץ
המריה והעלהו שם לעלה על אחד
ההרים אשר אמר אליך וישכם אברהם
בבקר ויחבש את חמרו ויקח את שני
נעריו אתו ואת יצחק בנו ויבקע עצי
עלה ויקם וילך אל המקום אשר אמר
לו האלהים ביום השלישי וישא
אברהם את עיניו וירא את המקום
מרחק ויאמר אברהם אל נעריו שבו
לכם פה עם החמור ואני והנער נלכה
עד כה ונשתחוה ונשובה אליכם ויקח
אברהם את עצי העלה וישם על יצחק
בנו ויקח בידו את האש ואת המאכלת
וילכו שניהם יחדו ויאמר יצחק אל
אברהם אביו ויאמר אבי ויאמר הנני
בני ויאמר הנה האש והעצים ואיה

8. וַיֹּ֙אמֶר֙ אַבְרָהָ֔ם אֱלֹהִ֞ים יִרְאֶה־לּ֥וֹ
הַשֶּׂ֛ה לְעֹלָ֖ה בְּנִ֑י וַיֵּלְכ֖וּ שְׁנֵיהֶ֥ם
יַחְדָּֽו׃

9. וַיָּבֹ֗אוּ אֶֽל־הַמָּקוֹם֮ אֲשֶׁ֣ר אָֽמַר־ל֣וֹ
הָאֱלֹהִים֒ וַיִּ֨בֶן שָׁ֤ם אַבְרָהָם֙
אֶת־הַמִּזְבֵּ֔חַ וַֽיַּעֲרֹ֖ךְ אֶת־הָעֵצִ֑ים
וַֽיַּעֲקֹד֙ אֶת־יִצְחָ֣ק בְּנ֔וֹ וַיָּ֤שֶׂם אֹתוֹ֙
עַל־הַמִּזְבֵּ֔חַ מִמַּ֖עַל לָעֵצִֽים׃

10. וַיִּשְׁלַ֤ח אַבְרָהָם֙ אֶת־יָד֔וֹ וַיִּקַּ֖ח
אֶת־הַֽמַּאֲכֶ֑לֶת לִשְׁחֹ֖ט אֶת־בְּנֽוֹ׃

11. וַיִּקְרָ֨א אֵלָ֜יו מַלְאַ֤ךְ יְהוָה֙
מִן־הַשָּׁמַ֔יִם וַיֹּ֖אמֶר אַבְרָהָ֣ם ׀
אַבְרָהָ֑ם וַיֹּ֖אמֶר הִנֵּֽנִי׃

12. וַיֹּ֗אמֶר אַל־תִּשְׁלַ֤ח יָֽדְךָ֙ אֶל־הַנַּ֔עַר
וְאַל־תַּ֥עַשׂ ל֖וֹ מְא֑וּמָה כִּ֣י ׀ עַתָּ֣ה
יָדַ֗עְתִּי כִּֽי־יְרֵ֤א אֱלֹהִים֙ אַ֔תָּה וְלֹ֥א
חָשַׂ֛כְתָּ אֶת־בִּנְךָ֥ אֶת־יְחִידְךָ֖ מִמֶּֽנִּי׃

13. וַיִּשָּׂ֨א אַבְרָהָ֜ם אֶת־עֵינָ֗יו וַיַּרְא֙
וְהִנֵּה־אַ֔יִל אַחַ֕ר נֶאֱחַ֥ז בַּסְּבַ֖ךְ
בְּקַרְנָ֑יו וַיֵּ֤לֶךְ אַבְרָהָם֙ וַיִּקַּ֣ח
אֶת־הָאַ֔יִל וַיַּעֲלֵ֥הוּ לְעֹלָ֖ה תַּ֥חַת בְּנֽוֹ׃

14. וַיִּקְרָ֧א אַבְרָהָ֛ם שֵֽׁם־הַמָּק֥וֹם הַה֖וּא
יְהוָ֣ה ׀ יִרְאֶ֑ה אֲשֶׁר֙ יֵאָמֵ֣ר הַיּ֔וֹם בְּהַ֥ר
יְהוָ֖ה יֵרָאֶֽה׃

15. וַיִּקְרָ֛א מַלְאַ֥ךְ יְהוָ֖ה אֶל־אַבְרָהָ֑ם
שֵׁנִ֖ית מִן־הַשָּׁמָֽיִם׃

השה לעלה ויאמר אברהם אלהים
יראה לו השה לעלה בני וילכו שניהם
יחדו ויבאו אל המקום אשר אמר לו
האלהים ויבן שם אברהם את המזבח
ויערך את העצים ויעקד את יצחק בנו
וישם אתו על המזבח ממעל לעצים
וישלח אברהם את ידו ויקח את
המאכלת לשחט את בנו ויקרא אליו
מלאך יהוה מן השמים ויאמר אברהם
אברהם ויאמר הנני ויאמר אל תשלח
ידך אל הנער ואל תעש לו מאומה כי
עתה ידעתי כי ירא אלהים אתה ולא
חשכת את בנך את יחידך ממני וישא
אברהם את עיניו וירא והנה איל אחר
נאחז בסבך בקרניו וילך אברהם ויקח
את האיל ויעלהו לעלה תחת
בנו ויקרא אברהם שם המקום ההוא
יהוה יראה אשר יאמר היום בהר יהוה
יראה ויקרא מלאך יהוה אל אברהם
שנית מן השמים ויאמר בי נשבעתי

16. וַיֹּ֕אמֶר בִּ֥י נִשְׁבַּ֖עְתִּי נְאֻם־יְהוָ֑ה כִּ֗י
יַ֚עַן אֲשֶׁ֤ר עָשִׂ֙יתָ֙ אֶת־הַדָּבָ֣ר הַזֶּ֔ה
וְלֹ֥א חָשַׂ֖כְתָּ אֶת־בִּנְךָ֥ אֶת־יְחִידֶֽךָ׃

17. כִּֽי־בָרֵ֣ךְ אֲבָרֶכְךָ֗ וְהַרְבָּ֨ה אַרְבֶּ֤ה
אֶת־זַרְעֲךָ֙ כְּכוֹכְבֵ֣י הַשָּׁמַ֔יִם וְכַח֕וֹל
אֲשֶׁ֖ר עַל־שְׂפַ֣ת הַיָּ֑ם וְיִרַ֣שׁ זַרְעֲךָ֔
אֵ֖ת שַׁ֥עַר אֹיְבָֽיו׃

18. וְהִתְבָּרֲכ֣וּ בְזַרְעֲךָ֔ כֹּ֖ל גּוֹיֵ֣י הָאָ֑רֶץ
עֵ֕קֶב אֲשֶׁ֥ר שָׁמַ֖עְתָּ בְּקֹלִֽי׃

19. וַיָּ֤שָׁב אַבְרָהָם֙ אֶל־נְעָרָ֔יו וַיָּקֻ֛מוּ
וַיֵּלְכ֥וּ יַחְדָּ֖ו אֶל־בְּאֵ֣ר שָׁ֑בַע וַיֵּ֥שֶׁב
אַבְרָהָ֖ם בִּבְאֵ֥ר שָֽׁבַע׃

20. וַיְהִ֗י אַחֲרֵי֙ הַדְּבָרִ֣ים הָאֵ֔לֶּה וַיֻּגַּ֥ד
לְאַבְרָהָ֖ם לֵאמֹ֑ר הִ֠נֵּה יָלְדָ֨ה מִלְכָּ֥ה
גַם־הִ֛וא בָּנִ֖ים לְנָח֥וֹר אָחִֽיךָ׃

21. אֶת־ע֥וּץ בְּכֹר֖וֹ וְאֶת־בּ֣וּז אָחִ֑יו
וְאֶת־קְמוּאֵ֖ל אֲבִ֥י אֲרָֽם׃

22. וְאֶת־כֶּ֣שֶׂד וְאֶת־חֲז֔וֹ וְאֶת־פִּלְדָּ֖שׁ
וְאֶת־יִדְלָ֑ף וְאֵ֖ת בְּתוּאֵֽל׃

23. וּבְתוּאֵ֖ל יָלַ֣ד אֶת־רִבְקָ֑ה שְׁמֹנָ֣ה
אֵ֗לֶּה יָלְדָ֣ה מִלְכָּ֔ה לְנָח֖וֹר אֲחִ֥י
אַבְרָהָֽם׃

24. וּפִֽילַגְשׁ֖וֹ וּשְׁמָ֣הּ רְאוּמָ֑ה וַתֵּ֤לֶד
גַּם־הִוא֙ אֶת־טֶ֣בַח וְאֶת־גַּ֔חַם
וְאֶת־תַּ֖חַשׁ וְאֶת־מַעֲכָֽה׃

נאם יהוה כי יען אשר עשית את הדבר
הזה ולא חשכת את בנך את יחידך כי
ברך אברכך והרבה ארבה את זרעך
ככוכבי השמים וכחול אשר על שפת
הים וירש זרעך את שער איביו
והתברכו בזרעך כל גויי הארץ עקב
אשר שמעת בקלי וישב אברהם אל
נעריו ויקמו וילכו יחדו אל באר שבע
וישב אברהם בבאר שבע

ויהי אחרי הדברים האלה ויגד
לאברהם לאמר הנה ילדה מלכה גם
הוא בנים לנחור אחיך את עוץ בכרו
ואת בוז אחיו ואת קמואל אבי ארם
ואת כשד ואת חזו ואת פלדש ואת
ידלף ואת בתואל ובתואל ילד את
רבקה שמנה אלה ילדה מלכה לנחור
אחי אברהם ופילגשו ושמה ראומה
ותלד גם הוא את טבח ואת גחם ואת
תחש ואת מעכה

ויהיו חיי שרה מאה שנה ועשרים שנה
ושבע שנים שני חיי שרה ותמת שרה
בקרית ארבע הוא חברון בארץ כנען
ויבא אברהם לספד לשרה
ולבכתה ויקם אברהם מעל פני מתו

THE MAFTIR: BAMIDBAR 29: 1-6

Chapter 29

1. וּבַחֹדֶשׁ הַשְּׁבִיעִי בְּאֶחָד לַחֹדֶשׁ
מִקְרָא־קֹדֶשׁ יִהְיֶה לָכֶם
כָּל־מְלֶאכֶת עֲבֹדָה לֹא תַעֲשׂוּ
יוֹם תְּרוּעָה יִהְיֶה לָכֶם׃

2. וַעֲשִׂיתֶם עֹלָה לְרֵיחַ נִיחֹחַ לַיהוָה
פַּר בֶּן־בָּקָר אֶחָד אַיִל אֶחָד
כְּבָשִׂים בְּנֵי־שָׁנָה שִׁבְעָה
תְּמִימִם׃

3. וּמִנְחָתָם סֹלֶת בְּלוּלָה בַשָּׁמֶן
שְׁלֹשָׁה עֶשְׂרֹנִים לַפָּר שְׁנֵי
עֶשְׂרֹנִים לָאָיִל׃

4. וְעִשָּׂרוֹן אֶחָד לַכֶּבֶשׂ הָאֶחָד
לְשִׁבְעַת הַכְּבָשִׂים׃

5. וּשְׂעִיר־עִזִּים אֶחָד חַטָּאת לְכַפֵּר
עֲלֵיכֶם׃

6. מִלְּבַד עֹלַת הַחֹדֶשׁ וּמִנְחָתָהּ
וְעֹלַת הַתָּמִיד וּמִנְחָתָהּ וְנִסְכֵּיהֶם
כְּמִשְׁפָּטָם לְרֵיחַ נִיחֹחַ אִשֶּׁה
לַיהוָה׃

סלת בלולה בשמן שלשה עשרנים לפר
האחד שני עשרנים לאיל האחד עשרון
עשרון לכבש האחד לשבעת הכבשים
שעיר עזים אחד לכפר עליכם מלבד
עלת התמיד ומנחתו תעשו תמימם יהיו
לכם ונסכיהם
ובחדש השביעי באחד לחדש מקרא
קדש יהיה לכם כל מלאכת עבדה לא
תעשו יום תרועה יהיה לכם ועשיתם עלה
לריח ניחח ליהוה פר בן בקר אחד איל
אחד כבשים בני שנה שבעה תמימם
ומנחתם סלת בלולה בשמן שלשה
עשרנים לפר שני עשרנים לאיל ועשרון
אחד לכבש האחד לשבעת הכבשים
ושעיר עזים אחד חטאת לכפר עליכם
מלבד עלת החדש ומנחתה ועלת התמיד
ומנחתה ונסכיהם כמשפטם לריח ניחח
אשה ליהוה ובעשור לחדש
השביעי הזה מקרא קדש יהיה לכם
ועניתם את נפשתיכם כל מלאכה לא
תעשו והקרבתם עלה ליהוה ריח ניחח פר
בן בקר אחד איל אחד כבשים

TORAH OPTION #2: BERESHIT / GENESIS 1: 1 TO 2: 3 + MAFTIR

Before the Torah reading, recite one of the following blessings.
Your Rabbi or teacher will tell you which one is appropriate for your community.
The Torah reading divisions can be found with the table of contents.

You call out:

בָּרְכוּ אֶת יְיָ הַמְבֹרָךְ.

The congregation responds:

בָּרוּךְ יְיָ הַמְבֹרָךְ לְעוֹלָם וָעֶד.

You say it back to them:

בָּרוּךְ יְיָ הַמְבֹרָךְ לְעוֹלָם וָעֶד.

You continue:

בָּרוּךְ אַתָּה יְיָ אֱלֹהֵינוּ מֶלֶךְ
הָעוֹלָם, אֲשֶׁר קֵרְבָנוּ לַעֲבוֹדָתוֹ
וְנָתַן לָנוּ אֶת תּוֹרָתוֹ.
בָּרוּךְ אַתָּה יְיָ, נוֹתֵן הַתּוֹרָה.

Let us praise Adonai, the Blessed One!
Let Adonai, the Blessed One,
be praised forever!

We praise You, Adonai our God, Ruler of the universe, who brought us closer to God's Work and gave us God's Torah.

We praise You, Adonai, the Giver of Torah.

You call out:

בָּרְכוּ אֶת יְיָ הַמְבֹרָךְ.

The congregation responds:

בָּרוּךְ יְיָ הַמְבֹרָךְ לְעוֹלָם וָעֶד.

You say it back to them:

בָּרוּךְ יְיָ הַמְבֹרָךְ לְעוֹלָם וָעֶד.

You continue:

בָּרוּךְ אַתָּה יְיָ אֱלֹהֵינוּ מֶלֶךְ
הָעוֹלָם, אֲשֶׁר בָּחַר בָּנוּ מִכָּל
הָעַמִּים וְנָתַן לָנוּ אֶת תּוֹרָתוֹ.
בָּרוּךְ אַתָּה יְיָ, נוֹתֵן הַתּוֹרָה.

Let us praise Adonai, the Blessed One!
Let Adonai, the Blessed One,
be praised forever!

We praise You, Adonai our God, Ruler of the universe, who chose us from all the nations to be given God's Torah.

We praise You, Adonai, the Giver of Torah.

After the Torah reading, recite the following blessing.

בָּרוּךְ אַתָּה יְיָ אֱלֹהֵינוּ מֶלֶךְ הָעוֹלָם, אֲשֶׁר נָתַן לָנוּ תּוֹרַת אֱמֶת, וְחַיֵּי
עוֹלָם נָטַע בְּתוֹכֵנוּ. בָּרוּךְ אַתָּה יְיָ, נוֹתֵן הַתּוֹרָה.

We praise You, Adonai our God, Ruler of the universe,
Who planted eternal life among us by giving us a Teaching of truth.

We praise You, Adonai, the Giver of Torah.

Chapter 1

1. בְּרֵאשִׁ֖ית בָּרָ֣א אֱלֹהִ֑ים אֵ֥ת הַשָּׁמַ֖יִם
וְאֵ֥ת הָאָֽרֶץ׃

2. וְהָאָ֗רֶץ הָיְתָ֥ה תֹ֙הוּ֙ וָבֹ֔הוּ וְחֹ֖שֶׁךְ
עַל־פְּנֵ֣י תְה֑וֹם וְר֣וּחַ אֱלֹהִ֔ים
מְרַחֶ֖פֶת עַל־פְּנֵ֥י הַמָּֽיִם׃

3. וַיֹּ֥אמֶר אֱלֹהִ֖ים יְהִ֣י א֑וֹר וַֽיְהִי־אֽוֹר׃

4. וַיַּ֧רְא אֱלֹהִ֛ים אֶת־הָא֖וֹר כִּי־ט֑וֹב
וַיַּבְדֵּ֣ל אֱלֹהִ֔ים בֵּ֥ין הָא֖וֹר וּבֵ֥ין
הַחֹֽשֶׁךְ׃

5. וַיִּקְרָ֨א אֱלֹהִ֤ים ׀ לָאוֹר֙ י֔וֹם וְלַחֹ֖שֶׁךְ
קָ֣רָא לָ֑יְלָה וַֽיְהִי־עֶ֥רֶב וַֽיְהִי־בֹ֖קֶר
י֥וֹם אֶחָֽד׃

6. וַיֹּ֣אמֶר אֱלֹהִ֔ים יְהִ֥י רָקִ֖יעַ בְּת֣וֹךְ
הַמָּ֑יִם וִיהִ֣י מַבְדִּ֔יל בֵּ֥ין מַ֖יִם לָמָֽיִם׃

7. וַיַּ֣עַשׂ אֱלֹהִים֮ אֶת־הָרָקִיעַ֒ וַיַּבְדֵּ֗ל
בֵּ֤ין הַמַּ֙יִם֙ אֲשֶׁר֙ מִתַּ֣חַת לָרָקִ֔יעַ וּבֵ֣ין
הַמַּ֔יִם אֲשֶׁ֖ר מֵעַ֣ל לָרָקִ֑יעַ וַֽיְהִי־כֵֽן׃

8. וַיִּקְרָ֧א אֱלֹהִ֛ים לָֽרָקִ֖יעַ שָׁמָ֑יִם
וַֽיְהִי־עֶ֥רֶב וַֽיְהִי־בֹ֖קֶר י֥וֹם שֵׁנִֽי׃

9. וַיֹּ֣אמֶר אֱלֹהִ֗ים יִקָּו֨וּ הַמַּ֜יִם מִתַּ֤חַת
הַשָּׁמַ֙יִם֙ אֶל־מָק֣וֹם אֶחָ֔ד וְתֵרָאֶ֖ה
הַיַּבָּשָׁ֑ה וַֽיְהִי־כֵֽן׃

**בראשית ברא אלהים את השמים ואת
הארץ והארץ היתה תהו ובהו וחשך על
פני תהום ורוח אלהים מרחפת על פני
המים ויאמר אלהים יהי אור ויהי אור
וירא אלהים את האור כי טוב ויבדל
אלהים בין האור ובין החשך ויקרא
אלהים לאור יום ולחשך קרא לילה ויהי
ערב ויהי בקר יום אחד**

**ויאמר אלהים יהי רקיע בתוך המים ויהי
מבדיל בין מים למים ויעש אלהים את
הרקיע ויבדל בין המים אשר מתחת
לרקיע ובין המים אשר מעל לרקיע ויהי
כן ויקרא אלהים לרקיע שמים ויהי ערב
ויהי בקר יום שני**

**ויאמר אלהים יקוו המים מתחת השמים
אל מקום אחד ותראה היבשה ויהי כן
ויקרא אלהים ליבשה ארץ ולמקוה**

10. וַיִּקְרָ֨א אֱלֹהִ֤ים ׀ לַיַּבָּשָׁה֙ אֶ֔רֶץ
וּלְמִקְוֵ֥ה הַמַּ֖יִם קָרָ֣א יַמִּ֑ים וַיַּ֥רְא
אֱלֹהִ֖ים כִּי־טֽוֹב׃

11. וַיֹּ֣אמֶר אֱלֹהִ֗ים תַּֽדְשֵׁ֤א הָאָ֙רֶץ֙ דֶּ֔שֶׁא
עֵ֚שֶׂב מַזְרִ֣יעַ זֶ֔רַע עֵ֣ץ פְּרִ֞י עֹ֤שֶׂה פְּרִי֙
לְמִינ֔וֹ אֲשֶׁ֥ר זַרְעוֹ־ב֖וֹ עַל־הָאָ֑רֶץ
וַֽיְהִי־כֵֽן׃

12. וַתּוֹצֵ֨א הָאָ֜רֶץ דֶּ֠שֶׁא עֵ֣שֶׂב מַזְרִ֤יעַ
זֶ֙רַע֙ לְמִינֵ֔הוּ וְעֵ֧ץ עֹֽשֶׂה־פְּרִ֛י אֲשֶׁ֥ר
זַרְעוֹ־ב֖וֹ לְמִינֵ֑הוּ וַיַּ֥רְא אֱלֹהִ֖ים
כִּי־טֽוֹב׃

13. וַֽיְהִי־עֶ֥רֶב וַֽיְהִי־בֹ֖קֶר י֥וֹם שְׁלִישִֽׁי׃

14. וַיֹּ֣אמֶר אֱלֹהִ֗ים יְהִ֤י מְאֹרֹת֙ בִּרְקִ֣יעַ
הַשָּׁמַ֔יִם לְהַבְדִּ֕יל בֵּ֥ין הַיּ֖וֹם וּבֵ֣ין
הַלָּ֑יְלָה וְהָי֤וּ לְאֹתֹת֙ וּלְמ֣וֹעֲדִ֔ים
וּלְיָמִ֖ים וְשָׁנִֽים׃

15. וְהָי֤וּ לִמְאוֹרֹת֙ בִּרְקִ֣יעַ הַשָּׁמַ֔יִם
לְהָאִ֖יר עַל־הָאָ֑רֶץ וַֽיְהִי־כֵֽן׃

16. וַיַּ֣עַשׂ אֱלֹהִ֔ים אֶת־שְׁנֵ֥י הַמְּאֹרֹ֖ת
הַגְּדֹלִ֑ים אֶת־הַמָּא֤וֹר הַגָּדֹל֙
לְמֶמְשֶׁ֣לֶת הַיּ֔וֹם וְאֶת־הַמָּא֤וֹר הַקָּטֹן֙
לְמֶמְשֶׁ֣לֶת הַלַּ֔יְלָה וְאֵ֖ת הַכּוֹכָבִֽים׃

17. וַיִּתֵּ֥ן אֹתָ֛ם אֱלֹהִ֖ים בִּרְקִ֣יעַ הַשָּׁמָ֑יִם
לְהָאִ֖יר עַל־הָאָֽרֶץ׃

המים קרא ימים וירא אלהים כי טוב
ויאמר אלהים תדשא הארץ דשא עשב
מזריע זרע עץ פרי עשה פרי למינו
אשר זרעו בו על הארץ ויהי כן ותוצא
הארץ דשא עשב מזריע זרע למינהו
ועץ עשה פרי אשר זרעו בו למינהו
וירא אלהים כי טוב ויהי ערב ויהי בקר
יום שלישי

ויאמר אלהים יהי מארת ברקיע השמים
להבדיל בין היום ובין הלילה והיו
לאתת ולמועדים ולימים ושנים והיו
למאורת ברקיע השמים להאיר על
הארץ ויהי כן ויעש אלהים את שני
המארת הגדלים את המאור הגדל
לממשלת היום ואת המאור הקטן
לממשלת הלילה ואת הכוכבים ויתן
אתם אלהים ברקיע השמים להאיר על

18. וְלִמְשֹׁל֙ בַּיּ֣וֹם וּבַלַּ֔יְלָה וּֽלֲהַבְדִּ֔יל בֵּ֥ין
הָא֖וֹר וּבֵ֣ין הַחֹ֑שֶׁךְ וַיַּ֥רְא אֱלֹהִ֖ים
כִּי־טֽוֹב׃

19. וַֽיְהִי־עֶ֥רֶב וַֽיְהִי־בֹ֖קֶר י֥וֹם רְבִיעִֽי׃

20. וַיֹּ֣אמֶר אֱלֹהִ֔ים יִשְׁרְצ֣וּ הַמַּ֔יִם שֶׁ֖רֶץ
נֶ֣פֶשׁ חַיָּ֑ה וְעוֹף֙ יְעוֹפֵ֣ף עַל־הָאָ֔רֶץ
עַל־פְּנֵ֖י רְקִ֥יעַ הַשָּׁמָֽיִם׃

21. וַיִּבְרָ֣א אֱלֹהִ֔ים אֶת־הַתַּנִּינִ֖ם
הַגְּדֹלִ֑ים וְאֵ֣ת כׇּל־נֶ֣פֶשׁ הַֽחַיָּ֣ה ׀
הָֽרֹמֶ֡שֶׂת אֲשֶׁר֩ שָׁרְצ֨וּ הַמַּ֜יִם
לְמִֽינֵהֶ֗ם וְאֵ֨ת כׇּל־ע֤וֹף כָּנָף֙ לְמִינֵ֔הוּ
וַיַּ֥רְא אֱלֹהִ֖ים כִּי־טֽוֹב׃

22. וַיְבָ֧רֶךְ אֹתָ֛ם אֱלֹהִ֖ים לֵאמֹ֑ר פְּר֣וּ
וּרְב֗וּ וּמִלְא֤וּ אֶת־הַמַּ֙יִם֙ בַּיַּמִּ֔ים
וְהָע֖וֹף יִ֥רֶב בָּאָֽרֶץ׃

23. וַֽיְהִי־עֶ֥רֶב וַֽיְהִי־בֹ֖קֶר י֥וֹם חֲמִישִֽׁי׃

24. וַיֹּ֣אמֶר אֱלֹהִ֗ים תּוֹצֵ֨א הָאָ֜רֶץ נֶ֤פֶשׁ
חַיָּה֙ לְמִינָ֔הּ בְּהֵמָ֥ה וָרֶ֛מֶשׂ
וְחַֽיְתוֹ־אֶ֖רֶץ לְמִינָ֑הּ וַֽיְהִי־כֵֽן׃

25. וַיַּ֣עַשׂ אֱלֹהִים֩ אֶת־חַיַּ֨ת הָאָ֜רֶץ
לְמִינָ֗הּ וְאֶת־הַבְּהֵמָה֙ לְמִינָ֔הּ וְאֵ֛ת
כׇּל־רֶ֥מֶשׂ הָֽאֲדָמָ֖ה לְמִינֵ֑הוּ וַיַּ֥רְא
אֱלֹהִ֖ים כִּי־טֽוֹב׃

הארץ ולמשל ביום ובלילה ולהבדיל
בין האור ובין החשך וירא אלהים כי
טוב ויהי ערב ויהי בקר יום רביעי

ויאמר אלהים ישרצו המים שרץ נפש
חיה ועוף יעופף על הארץ על פני רקיע
השמים ויברא אלהים את התנינם
הגדלים ואת כל נפש החיה הרמשת
אשר שרצו המים למינהם ואת כל עוף
כנף למינהו וירא אלהים כי טוב ויברך
אתם אלהים לאמר פרו ורבו ומלאו את
המים בימים והעוף ירב בארץ ויהי ערב
ויהי בקר יום חמישי

ויאמר אלהים תוצא הארץ נפש חיה
למינה בהמה ורמש וחיתו ארץ למינה
ויהי כן ויעש אלהים את חית הארץ
למינה ואת הבהמה למינה ואת כל
רמש האדמה למינהו וירא אלהים כי

26. וַיֹּ֣אמֶר אֱלֹהִ֔ים נַֽעֲשֶׂ֥ה אָדָ֛ם בְּצַלְמֵ֖נוּ
כִּדְמוּתֵ֑נוּ וְיִרְדּוּ֩ בִדְגַ֨ת הַיָּ֜ם וּבְע֣וֹף
הַשָּׁמַ֗יִם וּבַבְּהֵמָה֙ וּבְכָל־הָאָ֔רֶץ
וּבְכָל־הָרֶ֖מֶשׂ הָֽרֹמֵ֥שׂ עַל־הָאָֽרֶץ׃

27. וַיִּבְרָ֨א אֱלֹהִ֤ים ׀ אֶת־הָֽאָדָם֙ בְּצַלְמ֔וֹ
בְּצֶ֥לֶם אֱלֹהִ֖ים בָּרָ֣א אֹת֑וֹ זָכָ֥ר
וּנְקֵבָ֖ה בָּרָ֥א אֹתָֽם׃

28. וַיְבָ֣רֶךְ אֹתָם֮ אֱלֹהִים֒ וַיֹּ֨אמֶר לָהֶ֜ם
אֱלֹהִ֗ים פְּר֥וּ וּרְב֛וּ וּמִלְא֥וּ
אֶת־הָאָ֖רֶץ וְכִבְשֻׁ֑הָ וּרְד֞וּ בִּדְגַ֤ת
הַיָּם֙ וּבְע֣וֹף הַשָּׁמַ֔יִם וּבְכָל־חַיָּ֖ה
הָֽרֹמֶ֥שֶׂת עַל־הָאָֽרֶץ׃

29. וַיֹּ֣אמֶר אֱלֹהִ֗ים הִנֵּה֩ נָתַ֨תִּי לָכֶ֜ם
אֶת־כָּל־עֵ֣שֶׂב ׀ זֹרֵ֣עַ זֶ֗רַע אֲשֶׁר֙
עַל־פְּנֵ֣י כָל־הָאָ֔רֶץ וְאֶת־כָּל־הָעֵ֛ץ
אֲשֶׁר־בּ֥וֹ פְרִי־עֵ֖ץ זֹרֵ֣עַ זָ֑רַע לָכֶ֥ם
יִֽהְיֶ֖ה לְאָכְלָֽה׃

30. וּֽלְכָל־חַיַּ֣ת הָ֠אָרֶץ וּלְכָל־ע֨וֹף
הַשָּׁמַ֜יִם וּלְכֹ֣ל ׀ רוֹמֵ֣שׂ עַל־הָאָ֗רֶץ
אֲשֶׁר־בּוֹ֙ נֶ֣פֶשׁ חַיָּ֔ה אֶת־כָּל־יֶ֥רֶק
עֵ֖שֶׂב לְאָכְלָ֑ה וַֽיְהִי־כֵֽן׃

31. וַיַּ֤רְא אֱלֹהִים֙ אֶת־כָּל־אֲשֶׁ֣ר עָשָׂ֔ה
וְהִנֵּה־ט֖וֹב מְאֹ֑ד וַֽיְהִי־עֶ֥רֶב
וַֽיְהִי־בֹ֖קֶר י֥וֹם הַשִּׁשִּֽׁי׃

טוב ויאמר אלהים נעשה אדם בצלמנו
כדמותנו וירדו בדגת הים ובעוף השמים
ובבהמה ובכל הארץ ובכל הרמש
הרמש על הארץ ויברא אלהים את
האדם בצלמו בצלם אלהים ברא אתו
זכר ונקבה ברא אתם ויברך אתם
אלהים ויאמר להם אלהים פרו ורבו
ומלאו את הארץ וכבשה ורדו בדגת
הים ובעוף השמים ובכל חיה הרמשת
על הארץ ויאמר אלהים הנה נתתי לכם
את כל עשב זרע זרע אשר על פני כל
הארץ ואת כל העץ אשר בו פרי עץ זרע
זרע לכם יהיה לאכלה ולכל חית הארץ
ולכל עוף השמים ולכל רומש על
הארץ אשר בו נפש חיה את כל ירק
עשב לאכלה ויהי כן וירא אלהים את
כל אשר עשה והנה טוב מאד ויהי ערב
ויהי בקר יום הששי

Chapter 2

1. וַיְכֻלּ֛וּ הַשָּׁמַ֥יִם וְהָאָ֖רֶץ וְכָל־צְבָאָֽם׃

2. וַיְכַ֤ל אֱלֹהִים֙ בַּיּ֣וֹם הַשְּׁבִיעִ֔י מְלַאכְתּ֖וֹ
אֲשֶׁ֣ר עָשָׂ֑ה וַיִּשְׁבֹּת֙ בַּיּ֣וֹם הַשְּׁבִיעִ֔י
מִכָּל־מְלַאכְתּ֖וֹ אֲשֶׁ֥ר עָשָֽׂה׃

3. וַיְבָ֤רֶךְ אֱלֹהִים֙ אֶת־י֣וֹם הַשְּׁבִיעִ֔י
וַיְקַדֵּ֖שׁ אֹת֑וֹ כִּ֣י ב֤וֹ שָׁבַת֙
מִכָּל־מְלַאכְתּ֔וֹ אֲשֶׁר־בָּרָ֥א אֱלֹהִ֖ים
לַעֲשֽׂוֹת׃

ויכלו השמים והארץ וכל צבאם ויכל
אלהים ביום השביעי מלאכתו אשר
עשה וישבת ביום השביעי מכל
מלאכתו אשר עשה ויברך אלהים את
יום השביעי ויקדש אתו כי בו שבת
מכל מלאכתו אשר ברא אלהים
לעשות
אלה תולדות השמים והארץ בהבראם
ביום עשות יהוה אלהים ארץ ושמים
וכל שיח השדה טרם יהיה בארץ וכל
עשב השדה טרם יצמח כי לא

THE MAFTIR: BAMIDBAR 29: 1-6

Chapter 29

1. וּבַחֹ֨דֶשׁ הַשְּׁבִיעִ֜י בְּאֶחָ֣ד לַחֹ֗דֶשׁ
מִֽקְרָא־קֹ֙דֶשׁ֙ יִהְיֶ֣ה לָכֶ֔ם
כָּל־מְלֶ֥אכֶת עֲבֹדָ֖ה לֹ֣א תַעֲשׂ֑וּ
י֥וֹם תְּרוּעָ֖ה יִהְיֶ֥ה לָכֶֽם׃

2. וַעֲשִׂיתֶ֨ם עֹלָ֜ה לְרֵ֣יחַ נִיחֹ֗חַ לַֽיהֹוָ֔ה
פַּ֧ר בֶּן־בָּקָ֛ר אֶחָ֖ד אַ֣יִל אֶחָ֑ד
כְּבָשִׂ֧ים בְּנֵי־שָׁנָ֛ה שִׁבְעָ֖ה
תְּמִימִֽם׃

3. וּמִ֨נְחָתָ֔ם סֹ֖לֶת בְּלוּלָ֣ה בַשָּׁ֑מֶן
שְׁלֹשָׁ֤ה עֶשְׂרֹנִים֙ לַפָּ֔ר שְׁנֵ֥י
עֶשְׂרֹנִ֖ים לָאָֽיִל׃

4. וְעִשָּׂר֣וֹן אֶחָ֔ד לַכֶּ֖בֶשׂ הָאֶחָ֑ד
לְשִׁבְעַ֖ת הַכְּבָשִֽׂים׃

5. וּשְׂעִיר־עִזִּ֥ים אֶחָ֖ד חַטָּ֑את לְכַפֵּ֖ר
עֲלֵיכֶֽם׃

6. מִלְּבַ֞ד עֹלַ֣ת הַחֹ֗דֶשׁ וּמִנְחָתָהּ֙
וְעֹלַ֤ת הַתָּמִיד֙ וּמִנְחָתָ֔הּ וְנִסְכֵּיהֶ֖ם
כְּמִשְׁפָּטָ֑ם לְרֵ֣יחַ נִיחֹ֔חַ אִשֶּׁ֖ה
לַיהֹוָֽה׃

סלת בלולה בשמן שלשה עשרנים לפר
האחד שני עשרנים לאיל האחד עשרון
עשרון לכבש האחד לשבעת הכבשים
שעיר עזים אחד לכפר עליכם מלבד
עלת התמיד ומנחתו תעשו תמימם יהיו
לכם ונסכיהם
ובחדש השביעי באחד לחדש מקרא
קדש יהיה לכם כל מלאכת עבדה לא
תעשו יום תרועה יהיה לכם ועשיתם עלה
לריח ניחח ליהוה פר בן בקר אחד איל
אחד כבשים בני שנה שבעה תמימם
ומנחתם סלת בלולה בשמן שלשה
עשרנים לפר שני עשרנים לאיל ועשרון
אחד לכבש האחד לשבעת הכבשים
ושעיר עזים אחד חטאת לכפר עליכם
מלבד עלת החדש ומנחתה ועלת התמיד
ומנחתה ונסכיהם כמשפטם לריח ניחח
אשה ליהוה ובעשור לחדש
השביעי הזה מקרא קדש יהיה לכם
ועניתם את נפשתיכם כל מלאכה לא
תעשו והקרבתם עלה ליהוה ריח ניחח פר
בן בקר אחד איל אחד כבשים

HAFTARAH OPTION #1: YIRMIYAHU / JEREMIAH 31: 2-20*

(* SOME EDITIONS LIST THE VERSES AS 31: 1-19)

Before the *Haftarah* reading, recite one of the following blessings.
Your rabbi or teacher will tell you which one is appropriate for your community.

בָּרוּךְ אַתָּה יְיָ אֱלֹהֵינוּ מֶלֶךְ
הָעוֹלָם, אֲשֶׁר בָּחַר בִּנְבִיאִים
טוֹבִים, וְרָצָה בְדִבְרֵיהֶם הַנֶּאֱמָרִים
בֶּאֱמֶת, בָּרוּךְ אַתָּה יְיָ, הַבּוֹחֵר
בַּתּוֹרָה וּבְמֹשֶׁה עַבְדּוֹ, וּבִנְבִיאֵי
הָאֱמֶת וָצֶדֶק.

We praise You, Adonai our God, Ruler of the universe, who appointed good prophets, and who expected lessons of truth in the things they said.

We praise You, Adonai, Who chose the Torah and Moshe, God's servant, and prophets of truth and righteousness.

בָּרוּךְ אַתָּה יְיָ אֱלֹהֵינוּ מֶלֶךְ
הָעוֹלָם, אֲשֶׁר בָּחַר בִּנְבִיאִים
טוֹבִים, וְרָצָה בְדִבְרֵיהֶם הַנֶּאֱמָרִים
בֶּאֱמֶת, בָּרוּךְ אַתָּה יְיָ, הַבּוֹחֵר
בַּתּוֹרָה וּבְמֹשֶׁה עַבְדּוֹ, וּבְיִשְׂרָאֵל
עַמּוֹ, וּבִנְבִיאֵי הָאֱמֶת וָצֶדֶק.

We praise You, Adonai our God, Ruler of the universe, who appointed good prophets, and who expected lessons of truth in the things they said.

We praise You, Adonai, Who chose the Torah and Moshe, God's servant, and Yisra'el, God's people, and prophets of truth and righteousness.

Chapter 31

2. כֹּ֚ה אָמַ֣ר יְהֹוָ֔ה מָצָ֥א חֵן֙ בַּמִּדְבָּ֔ר עַ֖ם שְׂרִ֣ידֵי חָ֑רֶב הָל֥וֹךְ לְהַרְגִּיע֖וֹ יִשְׂרָאֵֽל׃

3. מֵֽרָח֔וֹק יְהֹוָ֖ה נִרְאָ֣ה לִ֑י וְאַהֲבַ֤ת עוֹלָם֙ אֲהַבְתִּ֔יךְ עַל־כֵּ֖ן מְשַׁכְתִּ֥יךְ חָֽסֶד׃

4. ע֤וֹד אֶבְנֵךְ֙ וְנִבְנֵ֔ית בְּתוּלַ֖ת יִשְׂרָאֵ֑ל ע֚וֹד תַּעְדִּ֣י תֻפַּ֔יִךְ וְיָצָ֖את בִּמְח֥וֹל מְשַׂחֲקִֽים׃

5. ע֚וֹד תִּטְּעִ֣י כְרָמִ֔ים בְּהָרֵ֖י שֹׁמְר֑וֹן נָטְע֥וּ נֹטְעִ֖ים וְחִלֵּֽלוּ׃

6. כִּ֣י יֶשׁ־י֔וֹם קָרְא֥וּ נֹצְרִ֖ים בְּהַ֣ר אֶפְרָ֑יִם ק֚וּמוּ וְנַעֲלֶ֣ה צִיּ֔וֹן אֶל־יְהֹוָ֖ה אֱלֹהֵֽינוּ׃

7. כִּי־כֹ֣ה ׀ אָמַ֣ר יְהֹוָ֗ה רָנּ֤וּ לְיַעֲקֹב֙ שִׂמְחָ֔ה וְצַהֲל֖וּ בְּרֹ֣אשׁ הַגּוֹיִ֑ם הַשְׁמִ֤יעוּ הַֽלְלוּ֙ וְאִמְר֔וּ הוֹשַׁ֤ע יְהֹוָה֙ אֶֽת־עַמְּךָ֔ אֵ֖ת שְׁאֵרִ֥ית יִשְׂרָאֵֽל׃

8. הִנְנִי֩ מֵבִ֨יא אוֹתָ֜ם מֵאֶ֣רֶץ צָפ֗וֹן וְקִבַּצְתִּים֙ מִיַּרְכְּתֵי־אָ֔רֶץ בָּ֚ם עִוֵּ֣ר וּפִסֵּ֔חַ הָרָ֥ה וְיֹלֶ֖דֶת יַחְדָּ֑ו קָהָ֥ל גָּד֖וֹל יָשׁ֥וּבוּ הֵֽנָּה׃

9. בִּבְכִ֣י יָבֹ֗אוּ וּֽבְתַחֲנוּנִים֙ אֽוֹבִילֵ֔ם אוֹלִיכֵם֙ אֶל־נַ֣חֲלֵי מַ֔יִם בְּדֶ֣רֶךְ יָשָׁ֔ר לֹ֥א יִכָּשְׁל֖וּ בָּ֑הּ כִּֽי־הָיִ֤יתִי לְיִשְׂרָאֵל֙ לְאָ֔ב וְאֶפְרַ֖יִם בְּכֹ֥רִי הֽוּא׃

10. שִׁמְע֤וּ דְבַר־יְהֹוָה֙ גּוֹיִ֔ם וְהַגִּ֥ידוּ בָאִיִּ֖ים מִמֶּרְחָ֑ק וְאִמְר֗וּ מְזָרֵ֤ה יִשְׂרָאֵל֙ יְקַבְּצֶ֔נּוּ וּשְׁמָר֖וֹ כְּרֹעֶ֥ה עֶדְרֽוֹ׃

11. כִּֽי־פָדָ֥ה יְהֹוָ֖ה אֶֽת־יַעֲקֹ֑ב וּגְאָל֕וֹ מִיַּ֖ד חָזָ֥ק מִמֶּֽנּוּ׃

12. וּבָ֙אוּ֙ וְרִנְּנ֣וּ בִמְרוֹם־צִיּ֔וֹן וְנָהֲר֞וּ אֶל־ט֣וּב יְהֹוָ֗ה עַל־דָּגָ֤ן וְעַל־תִּירֹשׁ֙ וְעַל־יִצְהָ֔ר וְעַל־בְּנֵי־צֹ֖אן וּבָקָ֑ר וְהָיְתָ֤ה נַפְשָׁם֙ כְּגַ֣ן רָוֶ֔ה וְלֹא־יוֹסִ֥יפוּ לְדַאֲבָ֖ה עֽוֹד׃

13. אָ֣ז תִּשְׂמַ֤ח בְּתוּלָה֙ בְּמָח֔וֹל וּבַחֻרִ֥ים וּזְקֵנִ֖ים יַחְדָּ֑ו וְהָפַכְתִּ֨י אֶבְלָ֤ם לְשָׂשׂוֹן֙ וְנִ֣חַמְתִּ֔ים וְשִׂמַּחְתִּ֖ים מִיגוֹנָֽם׃

14. וְרִוֵּיתִ֛י נֶ֥פֶשׁ הַכֹּהֲנִ֖ים דָּ֑שֶׁן וְעַמִּ֛י אֶת־טוּבִ֥י יִשְׂבָּ֖עוּ נְאֻם־יְהֹוָֽה׃

15. כֹּ֣ה ׀ אָמַ֣ר יְהֹוָ֗ה ק֣וֹל בְּרָמָ֤ה נִשְׁמָע֙ נְהִי֙ בְּכִ֣י תַמְרוּרִ֔ים רָחֵ֖ל מְבַכָּ֣ה עַל־בָּנֶ֑יהָ מֵאֲנָ֛ה לְהִנָּחֵ֥ם עַל־בָּנֶ֖יהָ כִּ֥י אֵינֶֽנּוּ׃

16. כֹּ֣ה ׀ אָמַ֣ר יְהֹוָ֗ה מִנְעִ֤י קוֹלֵךְ֙ מִבֶּ֔כִי וְעֵינַ֖יִךְ מִדִּמְעָ֑ה כִּי֩ יֵ֨שׁ שָׂכָ֤ר לִפְעֻלָּתֵךְ֙ נְאֻם־יְהֹוָ֔ה וְשָׁ֖בוּ מֵאֶ֥רֶץ אוֹיֵֽב׃

17. וְיֵשׁ־תִּקְוָ֥ה לְאַחֲרִיתֵ֖ךְ נְאֻם־יְהֹוָ֑ה וְשָׁ֥בוּ בָנִ֖ים לִגְבוּלָֽם׃

18. שָׁמ֣וֹעַ שָׁמַ֗עְתִּי אֶפְרַ֘יִם֮ מִתְנוֹדֵד֒
יִסַּרְתַּ֙נִי֙ וָֽאִוָּסֵ֔ר כְּעֵ֖גֶל לֹ֣א לֻמָּ֑ד
הֲשִׁיבֵ֣נִי וְאָשׁ֔וּבָה כִּ֥י אַתָּ֖ה יְהוָ֥ה
אֱלֹהָֽי׃

19. כִּֽי־אַחֲרֵ֤י שׁוּבִי֙ נִחַ֔מְתִּי וְאַחֲרֵי֙
הִוָּ֣דְעִ֔י סָפַ֖קְתִּי עַל־יָרֵ֑ךְ בֹּ֚שְׁתִּי
וְגַם־נִכְלַ֔מְתִּי כִּ֥י נָשָׂ֖אתִי חֶרְפַּ֥ת
נְעוּרָֽי׃

20. הֲבֵן֩ יַקִּ֨יר לִ֜י אֶפְרַ֗יִם אִ֚ם יֶ֣לֶד
שַֽׁעֲשֻׁעִ֔ים כִּֽי־מִדֵּ֤י דַבְּרִי֙ בּ֔וֹ זָכֹ֥ר
אֶזְכְּרֶ֖נּוּ ע֑וֹד עַל־כֵּ֗ן הָמ֤וּ מֵעַי֙ ל֔וֹ
רַחֵ֥ם אֲרַחֲמֶ֖נּוּ נְאֻם־יְהוָֽה׃

After the *Haftarah* reading, the following blessings are recited. Note that there are choices for some of them. Your Rabbi or teacher will tell you which ones are appropriate for your community.

Words in parentheses are read when Rosh Hashanah falls on Shabbat.

בָּרוּךְ אַתָּה יְיָ אֱלֹהֵינוּ מֶלֶךְ הָעוֹלָם, צוּר כָּל הָעוֹלָמִים, צַדִּיק בְּכָל
הַדּוֹרוֹת, הָאֵל הַנֶּאֱמָן הָאוֹמֵר וְעֹשֶׂה, הַמְדַבֵּר וּמְקַיֵּם, שֶׁכָּל דְּבָרָיו אֱמֶת
וָצֶדֶק. נֶאֱמָן אַתָּה הוּא יְיָ אֱלֹהֵינוּ, וְנֶאֱמָנִים דְּבָרֶיךָ, וְדָבָר אֶחָד מִדְּבָרֶיךָ
אָחוֹר לֹא יָשׁוּב רֵיקָם, כִּי אֵל מֶלֶךְ נֶאֱמָן וְרַחֲמָן אָתָּה.
בָּרוּךְ אַתָּה יְיָ, הָאֵל הַנֶּאֱמָן בְּכָל דְּבָרָיו.

We praise You, Adonai our God, Ruler of the universe, Creator of all the worlds, righteous in every generation. The faithful God who does what God says, who speaks and fulfills it, whose every word is true and just. Adonai our God, You are faithful, Your words are faithful, and nothing You say ever goes unfulfilled. You are a faithful and merciful God and Ruler.

We praise You, Adonai, the God who is faithful in every word.

רַחֵם עַל צִיּוֹן כִּי הִיא בֵּית חַיֵּינוּ,
וּלְעַמְּךָ יִשְׂרָאֵל תּוֹשִׁיעַ בִּמְהֵרָה
בְּיָמֵינוּ.
בָּרוּךְ אַתָּה יְיָ, מְשַׂמֵּחַ צִיּוֹן בְּבָנֶיהָ.

Show compassion for Tzion, for she is our lifelong home, and redeem your people Israel soon and in our lifetime.

We praise you, Adonai, Who enables Tzion to rejoice with her children.

רַחֵם עַל צִיּוֹן כִּי הִיא בֵּית חַיֵּינוּ,
וְלַעֲלוּבַת נֶפֶשׁ תּוֹשִׁיעַ בִּמְהֵרָה
בְּיָמֵינוּ.
בָּרוּךְ אַתָּה יְיָ, מְשַׂמֵּחַ צִיּוֹן בְּבָנֶיהָ.

Show compassion for Tzion, for she is our lifelong home. Redeem her distressed spirit soon and in our lifetime.

We praise you, Adonai, Who enables Tzion to rejoice with her children.

שַׂמְּחֵנוּ, יְיָ אֱלֹהֵינוּ, בְּאֵלִיָּהוּ הַנָּבִיא
עַבְדֶּךָ, וּבְמַלְכוּת בֵּית דָּוִד
מְשִׁיחֶךָ, בִּמְהֵרָה יָבֹא וְיָגֵל לִבֵּנוּ,
עַל כִּסְאוֹ לֹא יֵשֶׁב זָר, וְלֹא יִנְחֲלוּ
עוֹד אֲחֵרִים אֶת כְּבוֹדוֹ, כִּי בְשֵׁם
קָדְשְׁךָ נִשְׁבַּעְתָּ לּוֹ שֶׁלֹּא יִכְבֶּה נֵרוֹ
לְעוֹלָם וָעֶד.
בָּרוּךְ אַתָּה יְיָ, מָגֵן דָּוִד.

Adonai our God, grant us joy in Eliyahu Your prophet and servant, and in the reign of the dynasty of David, Your anointed king. May he come soon and lift our hearts.

Let no stranger sit on his throne. Let others no longer inherit his glory, for You swore to him by Your holy Name that his light would never go out.

We praise You, Adonai, Shield of David.

שַׂמְּחֵנוּ, יְיָ אֱלֹהֵינוּ, בְּאֵלִיָּהוּ הַנָּבִיא
עַבְדֶּךָ, בִּמְהֵרָה יָבֹא וְיָגֵל לִבֵּנוּ.
וְהֵשִׁיב לֵב אָבוֹת עַל בָּנִים וְלֵב
בָּנִים עַל אֲבוֹתָם, וּבֵיתְךָ בֵּית
תְּפִלָּה יִקָּרֵא לְכָל הָעַמִּים.
בָּרוּךְ אַתָּה יְיָ, מֵבִיא שָׁלוֹם לָעַד.

Adonai our God, grant us joy in Eliyahu Your prophet and servant. Come soon to lift our hearts. Turn the hearts of parents to their children, and the hearts of children to their parents. May Your House be called a House of Prayer for all nations.

We praise You, Adonai,
Who brings peace for all time.

עַל הַתּוֹרָה, וְעַל הָעֲבוֹדָה, וְעַל הַנְּבִיאִים, (וְעַל יוֹם הַשַּׁבָּת הַזֶּה) וְעַל יוֹם
הַזִּכָּרוֹן הַזֶּה, שֶׁנָּתַתָּ לָּנוּ, יְיָ אֱלֹהֵינוּ, (לִקְדֻשָּׁה וְלִמְנוּחָה) לְכָבוֹד וּלְתִפְאָרֶת.
עַל הַכֹּל, יְיָ אֱלֹהֵינוּ, אֲנַחְנוּ מוֹדִים לָךְ, וּמְבָרְכִים אוֹתָךְ, יִתְבָּרַךְ שִׁמְךָ
בְּפִי כָּל חַי תָּמִיד לְעוֹלָם וָעֶד, וּדְבָרְךָ אֱמֶת וְקַיָּם לָעַד.
בָּרוּךְ אַתָּה יְיָ, מֶלֶךְ עַל-כָּל-הָאָרֶץ
מְקַדֵּשׁ (הַשַּׁבָּת וְ) יִשְׂרָאֵל וְיוֹם הַזִּכָּרוֹן.

For the Torah, for our worship, for the prophets, (for today's Shabbat), and for today's Day of Remembrance that You, Adonai our God, gave us for (holiness, rest), glory, and wonder: for everything, Adonai our God, we thank You and praise You. May the lips of every living thing glorify Your Name forever. Your words are Truth and they will last for all time.

We praise You, Adonai, Who makes (Shabbat), Yisra'el, and the Day of Remembrance holy.

HAFTARAH OPTION #2:
YISH'AYAH / ISAIAH 55: 6-13

Before the *Haftarah* reading, recite one of the following blessings.
Your rabbi or teacher will tell you which one is appropriate for your community.

בָּרוּךְ אַתָּה יְיָ אֱלֹהֵינוּ מֶלֶךְ
הָעוֹלָם, אֲשֶׁר בָּחַר בִּנְבִיאִים
טוֹבִים, וְרָצָה בְדִבְרֵיהֶם הַנֶּאֱמָרִים
בֶּאֱמֶת, בָּרוּךְ אַתָּה יְיָ, הַבּוֹחֵר
בַּתּוֹרָה וּבְמֹשֶׁה עַבְדּוֹ, וּבִנְבִיאֵי
הָאֱמֶת וָצֶדֶק.

We praise You, Adonai our God, Ruler of the universe, who appointed good prophets, and who expected lessons of truth in the things they said.

We praise You, Adonai, who chose the Torah and Moshe, God's servant, and prophets of truth and righteousness.

בָּרוּךְ אַתָּה יְיָ אֱלֹהֵינוּ מֶלֶךְ
הָעוֹלָם, אֲשֶׁר בָּחַר בִּנְבִיאִים
טוֹבִים, וְרָצָה בְדִבְרֵיהֶם הַנֶּאֱמָרִים
בֶּאֱמֶת, בָּרוּךְ אַתָּה יְיָ, הַבּוֹחֵר
בַּתּוֹרָה וּבְמֹשֶׁה עַבְדּוֹ, וּבְיִשְׂרָאֵל
עַמּוֹ, וּבִנְבִיאֵי הָאֱמֶת וָצֶדֶק.

We praise You, Adonai our God, Ruler of the universe, who appointed good prophets, and who expected lessons of truth in the things they said.

We praise You, Adonai, who chose the Torah and Moshe, God's servant, and Yisra'el, God's people, and prophets of truth and righteousness.

Chapter 55

6. דִּרְשׁ֥וּ יְהוָ֖ה בְּהִמָּצְא֑וֹ קְרָאֻ֖הוּ
בִּֽהְיוֹת֥וֹ קָרֽוֹב׃

7. יַעֲזֹ֤ב רָשָׁע֙ דַּרְכּ֔וֹ וְאִ֥ישׁ אָ֖וֶן
מַחְשְׁבֹתָ֑יו וְיָשֹׁ֤ב אֶל־יְהוָה֙ וִירַ֣חֲמֵ֔הוּ
וְאֶל־אֱלֹהֵ֖ינוּ כִּֽי־יַרְבֶּ֥ה לִסְלֽוֹחַ׃

8. כִּ֣י לֹ֤א מַחְשְׁבוֹתַי֙ מַחְשְׁב֣וֹתֵיכֶ֔ם וְלֹ֥א
דַרְכֵיכֶ֖ם דְּרָכָ֑י נְאֻ֖ם יְהוָֽה׃

9. כִּֽי־גָבְה֥וּ שָׁמַ֖יִם מֵאָ֑רֶץ כֵּ֣ן גָּבְה֞וּ
דְרָכַי֙ מִדַּרְכֵיכֶ֔ם וּמַחְשְׁבֹתַ֖י
מִמַּחְשְׁבֹתֵיכֶֽם׃

10. כִּ֡י כַּאֲשֶׁ֣ר יֵרֵד֩ הַגֶּ֨שֶׁם וְהַשֶּׁ֜לֶג
מִן־הַשָּׁמַ֗יִם וְשָׁ֙מָּה֙ לֹ֣א יָשׁ֔וּב כִּ֚י
אִם־הִרְוָ֣ה אֶת־הָאָ֔רֶץ וְהוֹלִידָ֖הּ
וְהִצְמִיחָ֑הּ וְנָ֤תַן זֶ֙רַע֙ לַזֹּרֵ֔עַ וְלֶ֖חֶם
לָאֹכֵֽל׃

11. כֵּ֣ן יִהְיֶ֤ה דְבָרִי֙ אֲשֶׁ֣ר יֵצֵ֣א מִפִּ֔י
לֹא־יָשׁ֥וּב אֵלַ֖י רֵיקָ֑ם כִּ֤י אִם־עָשָׂה֙
אֶת־אֲשֶׁ֣ר חָפַ֔צְתִּי וְהִצְלִ֖יחַ אֲשֶׁ֥ר
שְׁלַחְתִּֽיו׃

12. כִּֽי־בְשִׂמְחָ֣ה תֵצֵ֔אוּ וּבְשָׁל֖וֹם תּֽוּבָל֑וּן
הֶהָרִ֣ים וְהַגְּבָע֗וֹת יִפְצְח֤וּ לִפְנֵיכֶם֙
רִנָּ֔ה וְכָל־עֲצֵ֥י הַשָּׂדֶ֖ה יִמְחֲאוּ־כָֽף׃

13. תַּ֤חַת הַנַּעֲצוּץ֙ יַעֲלֶ֣ה בְר֔וֹשׁ תַּ֥חַת
[וְתַ֥חַת] הַסִּרְפַּ֖ד יַעֲלֶ֣ה הֲדַ֑ס וְהָיָ֤ה
לַֽיהוָה֙ לְשֵׁ֔ם לְא֥וֹת עוֹלָ֖ם לֹ֥א יִכָּרֵֽת׃

After the *Haftarah* reading, the following blessings are recited. Note that there are choices for some of them. Your Rabbi or teacher will tell you which ones are appropriate for your community.

Words in parentheses are read when Rosh Hashanah falls on Shabbat.

בָּרוּךְ אַתָּה יְיָ אֱלֹהֵינוּ מֶלֶךְ הָעוֹלָם, צוּר כָּל הָעוֹלָמִים, צַדִּיק בְּכָל
הַדּוֹרוֹת, הָאֵל הַנֶּאֱמָן הָאוֹמֵר וְעֹשֶׂה, הַמְדַבֵּר וּמְקַיֵּם, שֶׁכָּל דְּבָרָיו אֱמֶת
וָצֶדֶק. נֶאֱמָן אַתָּה הוּא יְיָ אֱלֹהֵינוּ, וְנֶאֱמָנִים דְּבָרֶיךָ, וְדָבָר אֶחָד מִדְּבָרֶיךָ
אָחוֹר לֹא יָשׁוּב רֵיקָם, כִּי אֵל מֶלֶךְ נֶאֱמָן וְרַחֲמָן אָתָּה.
בָּרוּךְ אַתָּה יְיָ, הָאֵל הַנֶּאֱמָן בְּכָל דְּבָרָיו.

We praise You, Adonai our God, Ruler of the universe, Creator of all the worlds, righteous in every generation. The faithful God who does what God says, who speaks and fulfills it, whose every word is true and just. Adonai our God, You are faithful, Your words are faithful, and nothing You say ever goes unfulfilled. You are a faithful and merciful God and Ruler.

We praise You, Adonai, the God Who is faithful in every word.

רַחֵם עַל צִיּוֹן כִּי הִיא בֵּית חַיֵּינוּ,
וּלְעַמְּךָ יִשְׂרָאֵל תּוֹשִׁיעַ בִּמְהֵרָה
בְיָמֵינוּ.
בָּרוּךְ אַתָּה יְיָ, מְשַׂמֵּחַ צִיּוֹן בְּבָנֶיהָ.

Show compassion for Tzion, for she is our lifelong home, and redeem your people Israel soon and in our lifetime.

We praise you, Adonai, Who enables Tzion to rejoice with her children.

רַחֵם עַל צִיּוֹן כִּי הִיא בֵּית חַיֵּינוּ,
וְלַעֲלוּבַת נֶפֶשׁ תּוֹשִׁיעַ בִּמְהֵרָה
בְיָמֵינוּ.
בָּרוּךְ אַתָּה יְיָ, מְשַׂמֵּחַ צִיּוֹן בְּבָנֶיהָ.

Show compassion for Tzion, for she is our lifelong home. Redeem her distressed spirit soon and in our lifetime.

We praise you, Adonai, Who enables Tzion to rejoice with her children.

שַׂמְּחֵנוּ, יְיָ אֱלֹהֵינוּ, בְּאֵלִיָּֽהוּ הַנָּבִיא
עַבְדֶּֽךָ, וּבְמַלְכוּת בֵּית דָּוִד
מְשִׁיחֶֽךָ, בִּמְהֵרָה יָבֹא וְיָגֵל לִבֵּֽנוּ,
עַל כִּסְאוֹ לֹא יֵֽשֶׁב זָר, וְלֹא יִנְחֲלוּ
עוֹד אֲחֵרִים אֶת כְּבוֹדוֹ, כִּי בְשֵׁם
קָדְשְׁךָ נִשְׁבַּֽעְתָּ לּוֹ שֶׁלֹּא יִכְבֶּה נֵרוֹ
לְעוֹלָם וָעֶד.
בָּרוּךְ אַתָּה יְיָ, מָגֵן דָּוִד.

Adonai our God, grant us joy in Eliyahu Your prophet and servant, and in the reign of the dynasty of David, Your anointed king. May he come soon and lift our hearts.

Let no stranger sit on his throne. Let others no longer inherit his glory, for You swore to him by Your holy Name that his light would never go out.

We praise You, Adonai, Shield of David.

שַׂמְּחֵנוּ, יְיָ אֱלֹהֵינוּ, בְּאֵלִיָּֽהוּ הַנָּבִיא
עַבְדֶּֽךָ, בִּמְהֵרָה יָבֹא וְיָגֵל לִבֵּֽנוּ.
וְהֵשִׁיב לֵב אָבוֹת עַל בָּנִים וְלֵב
בָּנִים עַל אֲבוֹתָם, וּבֵיתְךָ בֵּית
תְּפִילָּה יִקָּרֵא לְכָל הָעַמִּים.
בָּרוּךְ אַתָּה יְיָ, מֵבִיא שָׁלוֹם לָעַד.

Adonai our God, grant us joy in Eliyahu Your prophet and servant. Come soon to lift our hearts. Turn the hearts of parents to their children, and the hearts of children to their parents. May Your House be called a House of Prayer for all nations.

We praise You, Adonai,
Who brings peace for all time.

עַל הַתּוֹרָה, וְעַל הָעֲבוֹדָה, וְעַל הַנְּבִיאִים, (וְעַל יוֹם הַשַּׁבָּת הַזֶּה) וְעַל יוֹם
הַזִּכָּרוֹן הַזֶּה, שֶׁנָּתַֽתָּ לָּֽנוּ, יְיָ אֱלֹהֵינוּ, (לִקְדֻשָּׁה וְלִמְנוּחָה) לְכָבוֹד וּלְתִפְאָֽרֶת.
עַל הַכֹּל, יְיָ אֱלֹהֵינוּ, אֲנַֽחְנוּ מוֹדִים לָךְ, וּמְבָרְכִים אוֹתָךְ, יִתְבָּרַךְ שִׁמְךָ
בְּפִי כָּל חַי תָּמִיד לְעוֹלָם וָעֶד, וּדְבָרְךָ אֱמֶת וְקַיָּם לָעַד.
בָּרוּךְ אַתָּה יְיָ, מֶֽלֶךְ עַל-כָּל-הָאָֽרֶץ
מְקַדֵּשׁ (הַשַּׁבָּת וְ) יִשְׂרָאֵל וְיוֹם הַזִּכָּרוֹן.

For the Torah, for our worship, for the prophets, (for today's Shabbat), and for today's Day of Remembrance that You, Adonai our God, gave us for (holiness, rest), glory, and wonder: for everything, Adonai our God, we thank You and praise You. May the lips of every living thing glorify Your Name forever. Your words are Truth and they will last for all time.

We praise You, Adonai, Who makes (Shabbat), Yisra'el, and the Day of Remembrance holy.

TA'AMEI HA-MIKRA: TROP CHARTS

Let's face it: learning trop can be very difficult. Most of us are used to the idea that each musical sign represents a single tone, but with trop, most signs (*ta'amim*) represent musical phrases. To add to the difficulty, there are 28 separate trop signs — each with a unique musical phrase, and sometimes the phrasing changes depending on the combination of *ta'amim* (though very few readings contain all 28 *ta'amim*). Sure, you can find sheet music to help you out, but if you're like me and don't read music, you might wind up more confused. Oy!

I developed the charts in this section to help people like me. Most of the *ta'amim* are grouped into sequences that are used commonly in the Tanah̲. The grids enable the teacher and the student to chart the music as it goes higher or lower. These charts have proven quite helpful with my own students. I hope you find them just as useful!

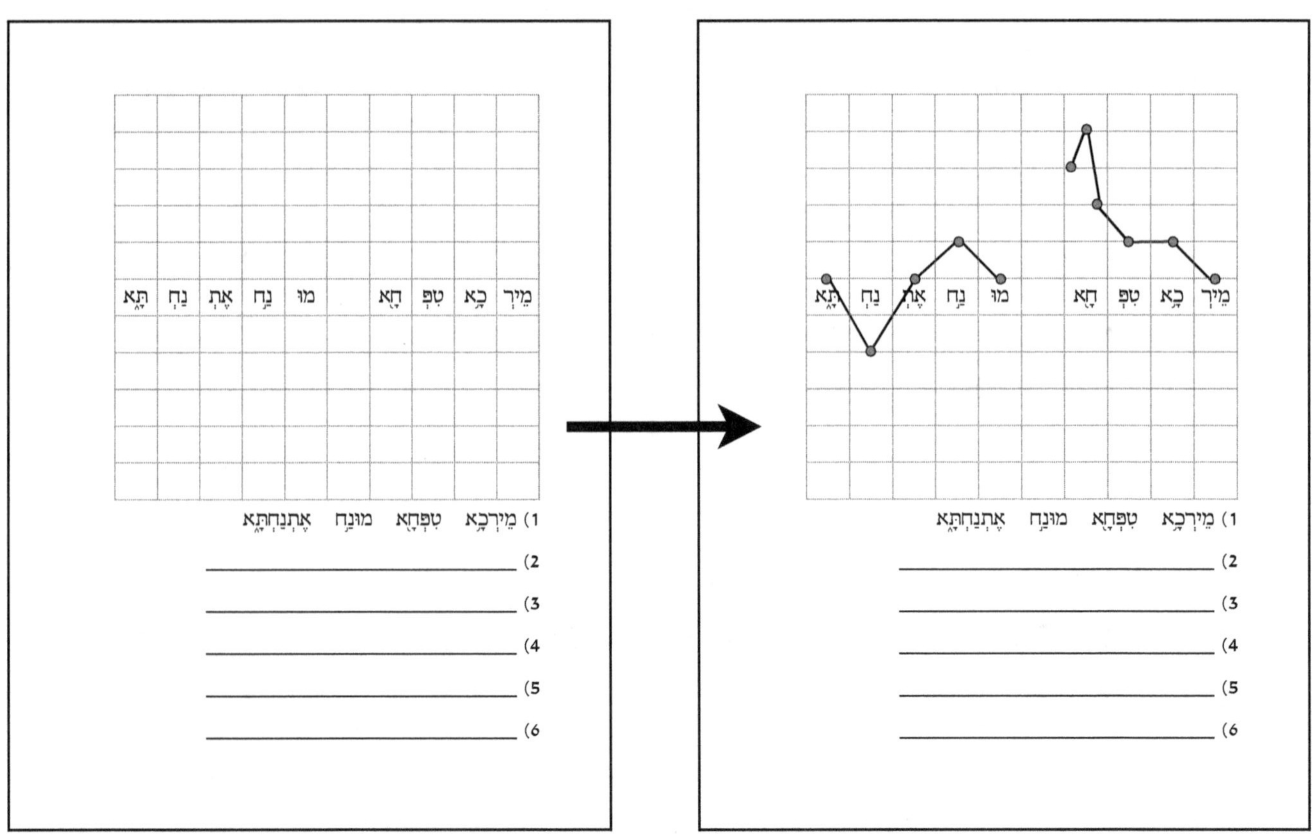

What's the point of all this trop?

Apart from musical notations, the trop (or, more properly, *te'amim*) tell us where to put the correct emphasis in each word and sentence. They also function as grammatical and syntactical notations, telling us when to pause in our reading, when to read quickly, etc. So we don't just read the punctuation — we sing it! There are seven distinct vocal systems for chanting the Tanah̲. Most people are familiar with Torah and *Haftarah*. See if you can find out what the other five are!

TORAH TROP

מֵירְ כָ֥א טִפְּ חָ֖א מֵירְ כָ֥א סוֹף פָּ סֽוּק

1) מֵירְכָ֥א טִפְּחָ֖א מֵירְכָ֥א סוֹף־פָּסֽוּק

2) ______________________

3) ______________________

4) ______________________

5) ______________________

6) ______________________

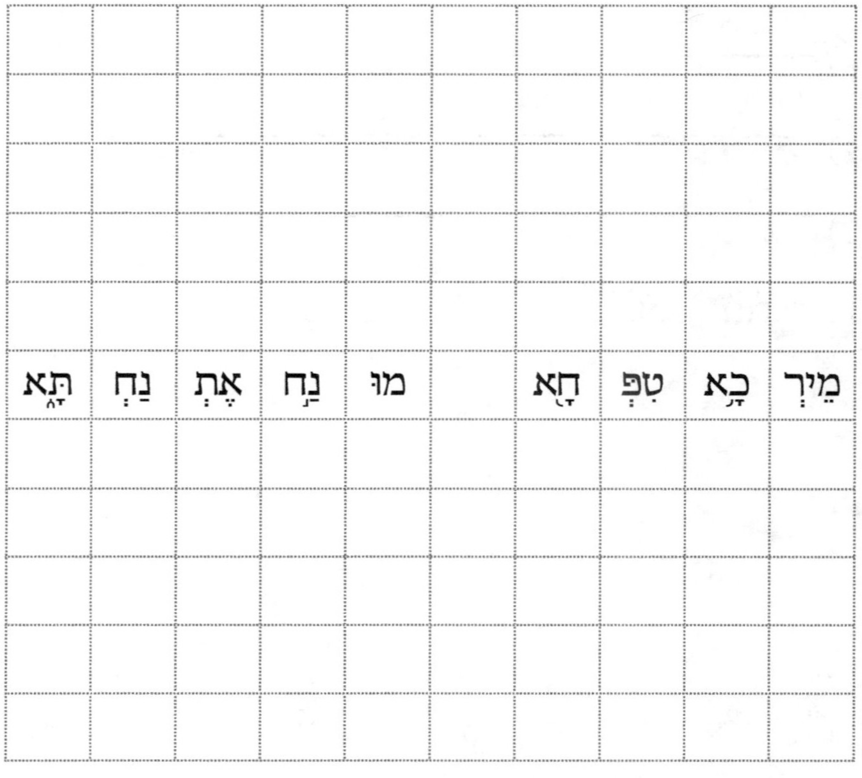

1) מֵירְכָ֥א טִפְּחָ֖א מוּנַ֣ח אֶתְנַחְתָּ֑א

2) ______________________

3) ______________________

4) ______________________

5) ______________________

6) ______________________

TORAH TROP

קַדְ	מָ֨א	מַהְ	פַּ֤ךְ	פַּשְׁ	טָא֙	מוּ	נַ֣ח	קָ	טֹ֖ון

1) קַדְמָ֨א מַהְפַּ֤ךְ פַּשְׁטָא֙ מוּנַ֣ח קָטֹ֖ון

(2 ______

(3 ______

(4 ______

(5 ______

(6 ______

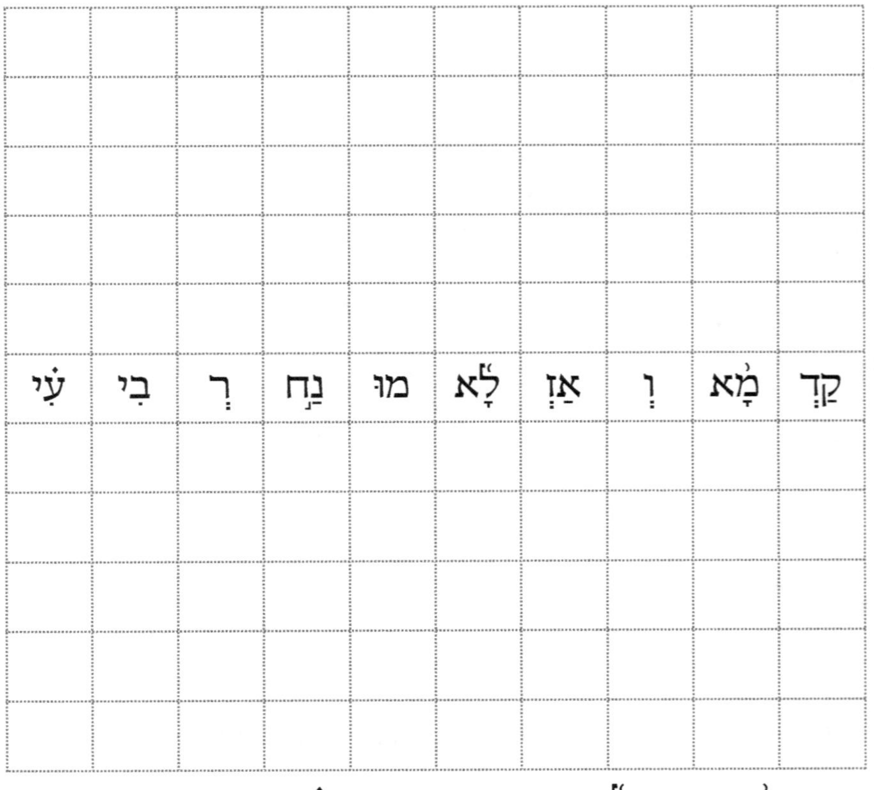

1) קַדְמָ֨א וְאַזְלָ֜א מוּנַ֣ח רְבִיעִ֗י

(2 ______

(3 ______

(4 ______

(5 ______

(6 ______

TORAH TROP

דַּרְ גָּא תְ בִיר מֵירְ כָא תְ בִיר

1) דַּרְגָּא תְּבִיר מֵירְכָא תְּבִיר

2) ____________________

3) ____________________

4) ____________________

5) ____________________

6) ____________________

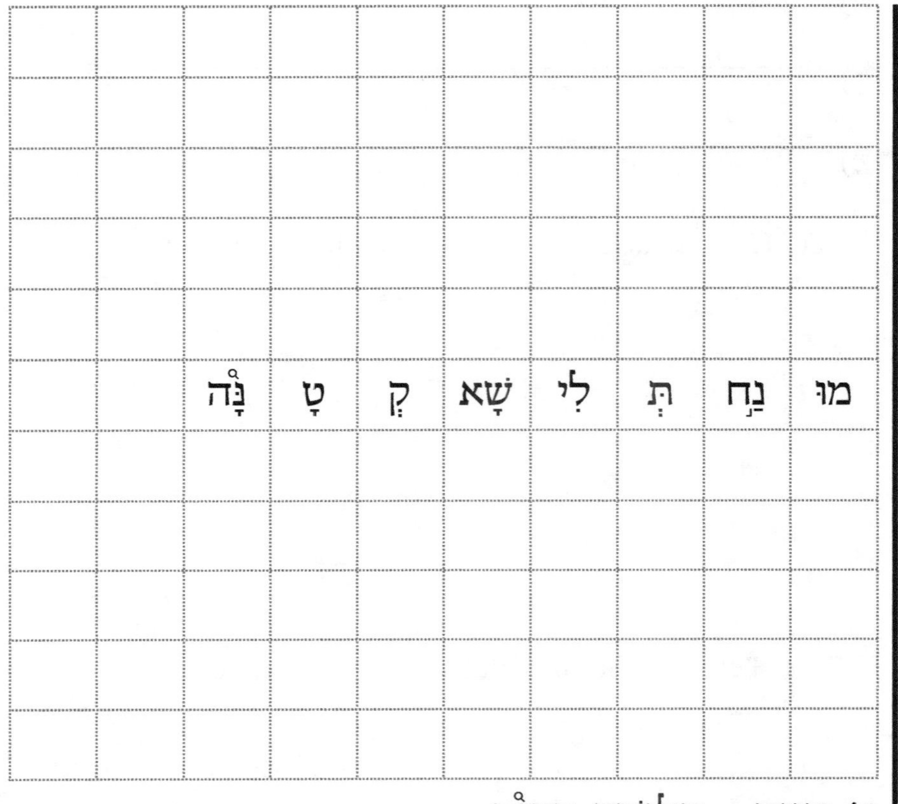

1) מוּנַח תְּלִישָׁא-קְטַנָּה

2) ____________________

3) ____________________

4) ____________________

5) ____________________

6) ____________________

TORAH TROP

					לָהֶ֦	פוּ	כְ	כָא	מֵירְ

1) מֵירְכָא כְפוּלָהֶ֦

2) ____________________

3) ____________________

4) ____________________

5) ____________________

6) ____________________

HAFTARAH TROP

מוּ נַח תְּ לִי שָׁא גְ דוֹ לָה

1) מוּנַח תְּלִישָׁא-גְדוֹלָה

2) ____________________

3) ____________________

4) ____________________

5) ____________________

6) ____________________

מוּ נַח גֵּר שַׁ יִּם פָּ זֵר

1) מוּנַח גֵּרְשַׁיִּם פָּזֵר

2) ____________________

3) ____________________

4) ____________________

5) ____________________

TORAH TROP

מוּ נַ֣ח תְּ֠ לִי שָׁא גְ דוֹ לָה

1) מוּנַ֣ח תְּ֠לִישָׁא-גְדוֹלָה

2) ______________________________

3) ______________________________

4) ______________________________

5) ______________________________

6) ______________________________

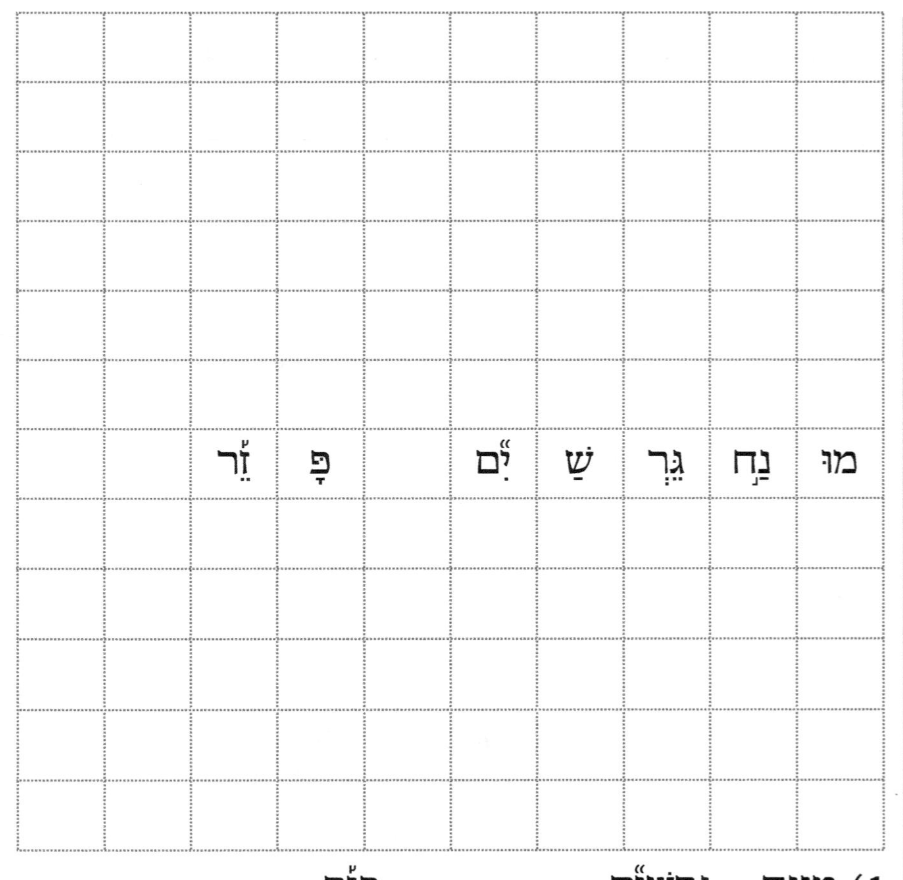

1) מוּנַ֣ח גֵּ֞רְשַׁיִּ֞ם פָּזֵּ֡ר

2) ______________________________

3) ______________________________

4) ______________________________

5) ______________________________

TORAH TROP

מוּ נַ֣ח זַ רְ קָ֮א מוּ נַ֣ח סֶ גוֹ֒ל

1) מוּנַ֣ח זַרְקָ֮א מוּנַ֣ח סֶגוֹ֒ל

2) ______

3) ______

4) ______

5) ______

6) ______

זָ קֵ֔ף גָּ דּ֕וֹל יְ֚ תִיב

1) זָקֵ֔ף-גָּדּ֕וֹל יְ֚תִיב

2) ______

3) ______

4) ______

5) ______

6) ______

TORAH TROP

שַׁלְ	שֶׁ֓	לֶת		קַ֟	נֵי	פָ	רָה		

1) שַׁלְשֶׁ֓לֶת קַ֟רְנֵי־פָרָה

2) ____________________

3) ____________________

4) ____________________

5) ____________________

6) ____________________

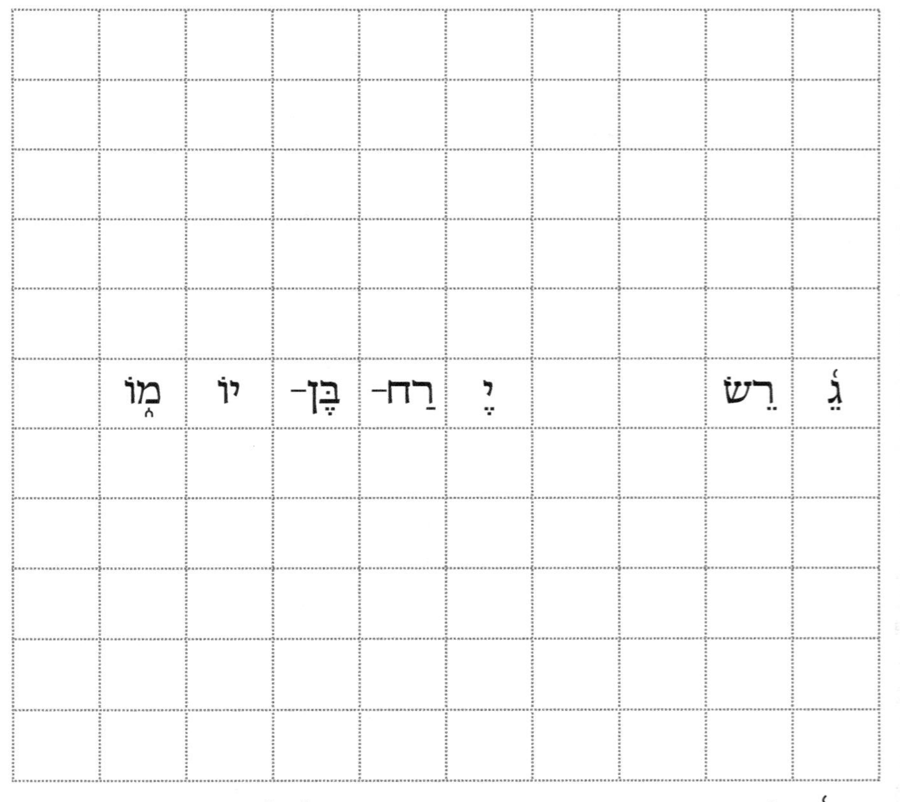

1) גֵּ֜רֵשׁ יֶ֪רַח־בֶּן־יוֹמוֹ

2) ____________________

3) ____________________

4) ____________________

5) ____________________

6) ____________________

HAFTARAH TROP

מֵירְ כָ֥א טִפְ חָ֖א מֵירְ כָ֥א סוֹף פָּ סֽוּק

1) מֵירְכָ֥א טִפְחָ֖א מֵירְכָ֥א סוֹף–פָּסֽוּק

2) ______________________________

3) ______________________________

4) ______________________________

5) ______________________________

6) ______________________________

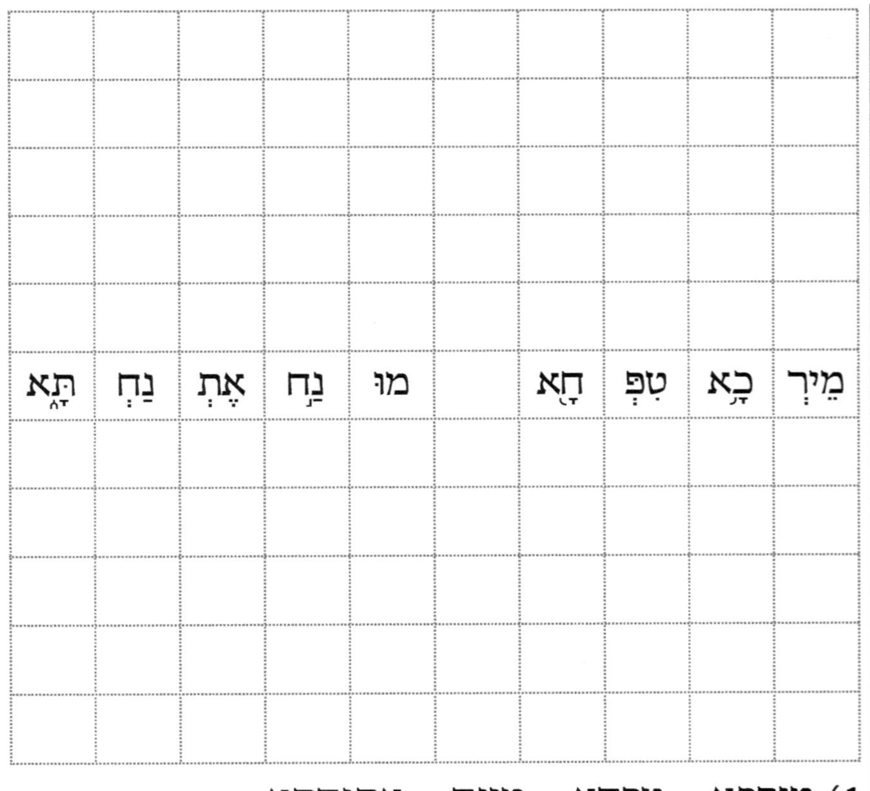

1) מֵירְכָ֥א טִפְחָ֖א מוּנַ֣ח אֶתְנַחְתָּ֑א

2) ______________________________

3) ______________________________

4) ______________________________

5) ______________________________

6) ______________________________

HAFTARAH TROP

קַדְ	מָ֨א	מַהְ	פַּ֤ךְ	פַּשְׁ	טָא֙	מוּ	נַ֣ח	קָ	טֹ֔ון

1) קַדְמָ֨א מַהְפַּ֤ךְ פַּשְׁטָא֙ מוּנַ֣ח קָטֹ֔ון

2) ______________________________

3) ______________________________

4) ______________________________

5) ______________________________

6) ______________________________

1) קַדְמָ֨א וְאַזְלָ֜א מוּנַ֣ח רְבִיעִ֗י

2) ______________________________

3) ______________________________

4) ______________________________

5) ______________________________

6) ______________________________

HAFTARAH TROP

דַּרְ גָּ֣א תְ בִ֗יר מֵ֥ירְ כָ֖א תְ בִ֗יר

1) דַּרְגָּ֣א תְּבִ֗יר מֵ֥ירְכָ֖א תְּבִ֗יר

2) ______

3) ______

4) ______

5) ______

6) ______

מוּ נַ֣ח תְ לִ֠ שָׁ֠א קְ טַ֨ נָּ֔ה

1) מוּנַ֣ח תְּלִישָׁא-קְטַנָּ֔ה

2) ______

3) ______

4) ______

5) ______

6) ______

Haftarah Trop

מוּ	נַ֣ח	זַ֮ר	קָ֮א	מוּ	נַ֣ח	סֶ	גוֹ֒ל	

1) מוּנַ֣ח זַרְקָ֮א מוּנַ֣ח סֶגוֹ֒ל

2) ______________________________

3) ______________________________

4) ______________________________

5) ______________________________

6) ______________________________

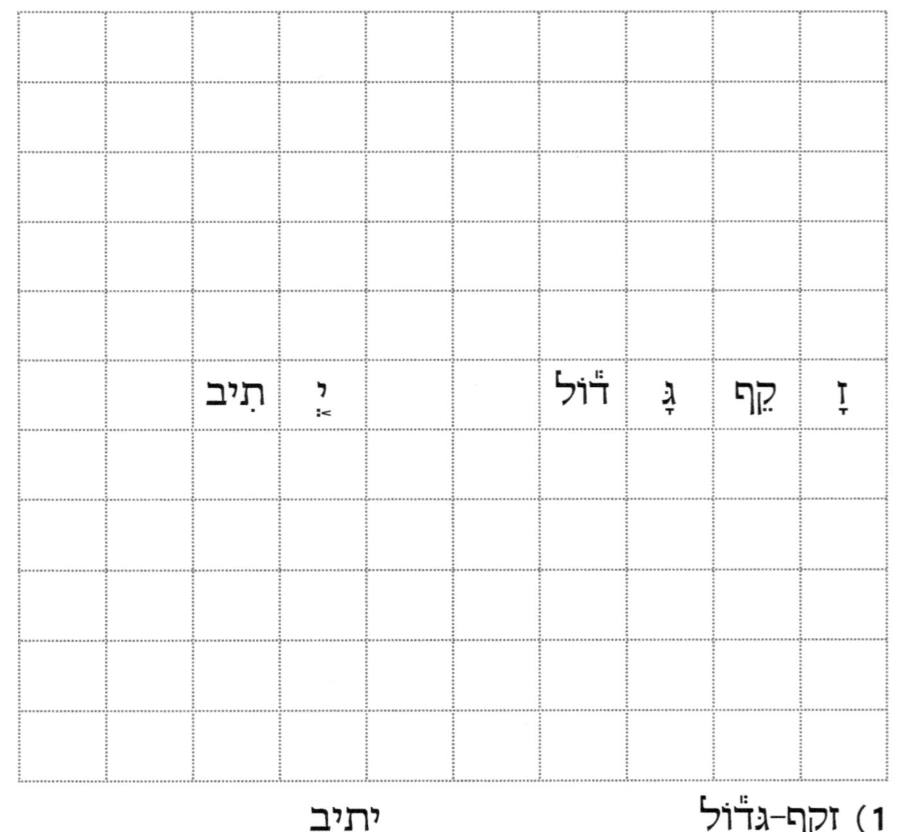

1) זָקֵף-גָּ֕דוֹל יְ֚תִיב

2) ______________________________

3) ______________________________

4) ______________________________

5) ______________________________

6) ______________________________

HAFTARAH TROP

שַׁלְ שֶׁ֓ לֶת קַ֟ר נֵי פָ רָ֠ה

1) שַׁלְשֶׁ֓לֶת קַ֟רְנֵי-פָרָ֠ה

(2 ______

(3 ______

(4 ______

(5 ______

(6 ______

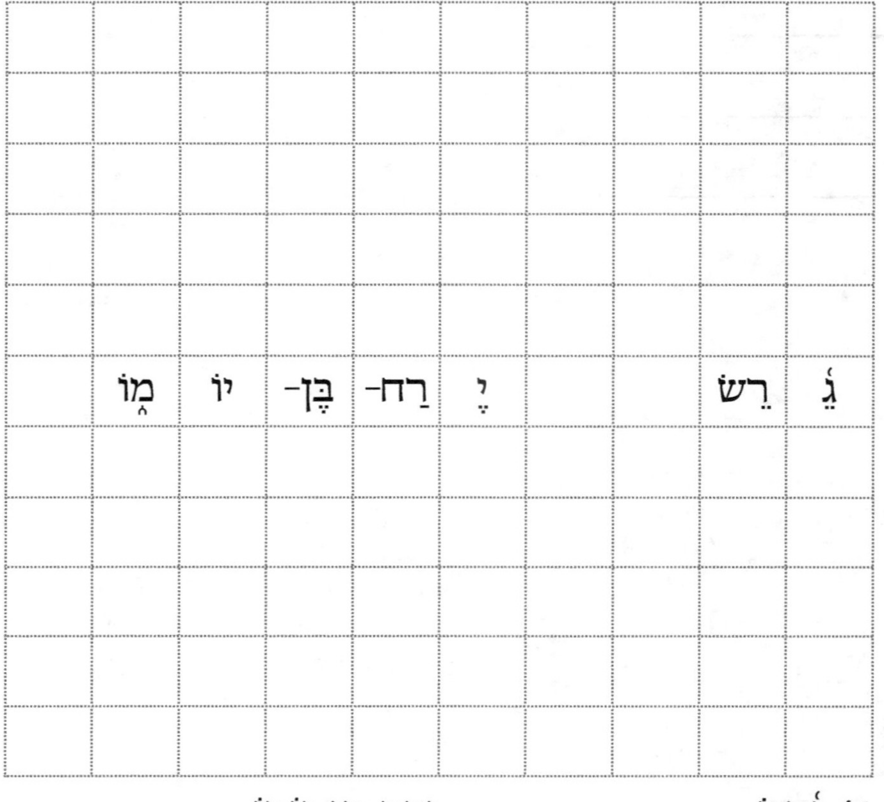

1) גֵּ֜רֶשׁ יֶ֪רַח-בֶּן-יוֹמוֹ

(2 ______

(3 ______

(4 ______

(5 ______

(6 ______

Haftarah Trop

					לָהֽ	פוּ	כְ	כָא	מֵירְ

1) מֵירְכָא כְפוּלָהֽ

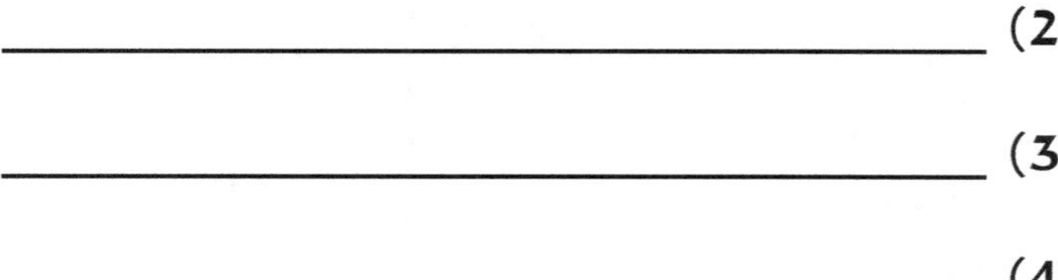

2) ______________________

3) ______________________

4) ______________________

5) ______________________

6) ______________________